PRIX : UN FRANC

ROCHEFORT

ET

LA LANTERNE

DEVANT LES TRIBUNAUX

Affaire contre Stamir et Marchal. — Affaire contre Rochette, 1re instance; interrogatoires, plaidoiries, réquisitoire, jugement. Appel, nouveaux interrogatoires, plaidoiries, réquisitoire, arrêt. — Affaire de *la Lanterne* no 11, jugement de 1re instance et arrêt d'appel. — Non insertion d'un communiqué, jugement. — Affaire de *la Lanterne* no 13; jugement.

PARIS
LIBRAIRIE CENTRALE
9, *Rue Christine*, 9.
BUREAU DE VENTE : CALVET, RUE NOTRE-DAME-DES-VICTOIRES, 14

1868

ROCHEFORT
DEVANT LES TRIBUNAUX

PARIS. IMP. POUPART-DAVYL, 30, RUE DU BAC

ROCHEFORT

DEVANT

LES TRIBUNAUX

AFFAIRE CIVILE. — AFFAIRES CORRECTIONNELLES
PLAIDOIRIES. — JUGEMENT ET ARRÊT
AFFAIRES DE LA LANTERNE

PARIS
LIBRAIRIE CENTRALE
9, RUE CHRISTINE, 9

—

1868

AFFAIRE CIVILE

CONTRE

STAMIR ET CH. MARCHAL

TRIBUNAL CIVIL DE PREMIÈRE INSTANCE DE LA SEINE

PREMIÈRE CHAMBRE

—

Audience du 29 juillet 1868

—

On sait l'historique de cette affaire. M. Rochefort a demandé réparation au tribunal des outrages publiés contre lui par MM. de Stamir et Ch. Marchal dans le journal *l'Inflexible.* De leur côté ses adversaires ont formé contre lui une demande reconventionnelle, en raison des articles publiés dans le journal *la Lanterne.*

Après avoir entendu la plaidoirie de Me Laurier pour M. Rochefort, et les conclusions de M. Chevrier (1), avocat général, le tribunal a rendu le jugement suivant :

« Le tribunal,

« En la forme, joint les deux demandes principales et les demandes reconventionnelles, et statuant au fond sur le tout;

(1) Nous sommes forcés, en raison des condamnations prononcées contre les journaux qui ont publié ces débats, d'en ajourner l'impression jusqu'à ce que la question ait été définitivement jugée en dernier ressort.

« En ce qui touche la demande principale de Rochefort contre Stamirowski, dit *de Stamir :*

« Attendu que, dans la publication périodique appelée *l'Inflexible*, le défendeur a outragé à plusieurs reprises, et de la manière la plus grave, Henri Rochefort ;

« Que, notamment, dans le numéro désigné sous le titre de *Troisième et dernière avant-garde*, et dans l'article de ce numéro intitulé *Henri Rochefort*, le défendeur, après avoir appliqué à ce nom les épithètes les plus injurieuses, a été jusqu'à insinuer sous forme interrogative, mais suffisamment claire pour valoir une affirmation, que Rochefort n'aurait pu obtenir l'autorisation de porter une décoration étrangère, parce qu'à l'examen de son dossier judiciaire, on aurait constaté l'existence de deux condamnations pour escroquerie ;

« Attendu qu'une telle imputation est diffamatoire au premier chef, et qu'il n'a pu en résulter qu'une grave atteinte à l'honneur et à la considération de celui contre qui elle a été dirigée ;

« En ce qui touche la demande principale de Rochefort contre Marchal, dit *de Bussy ;*

« Attendu que, dans une brochure publiée sous ce titre : *le Cas de M. Rochefort*, par Charles de Bussy, auteur des *Impurs du Figaro*, Marchal a prodigué au demandeur, sous la forme la plus violente, l'injure, l'outrage et la menace ;

« Que, non content d'avoir appliqué à son adversaire,

à la page 3 de son libelle, les épithètes les plus outrageantes, il n'a pas craint de blesser les délicatesses et les susceptibilités les plus respectables, en articulant que la fille même du demandeur pourrait avoir un jour à rougir de porter le nom de son père;

« Attendu que la gravité de pareilles articulations suffit pour établir le préjudice dont on demande la réparation;

« En ce qui touche la demande reconventionnelle de Stamirowski, dit *de Stàmir* :

« Attendu que dans le numéro 6 de la publication périodique *la Lanterne*, Henri Rochefort, répondant à un article de *l'Inflexible* dirigé contre sa vie privée, a désigné l'auteur de cet article par le titre d'*échappé de prison*, et lui a imputé de *déshonorer la police*, à laquelle il serait secrètement attaché;

« Que, dans le numéro 7 de la même publication, répondant à l'article dans lequel de Stamir avait dirigé contre lui une imputation d'escroquerie, Rochefort a encore appliqué à l'auteur de cet article les qualifications de *repris de justice* et *gibier de prison;*

« Attendu que ces expressions injurieuses ne peuvent être excusées, même par les provocations antérieurement dirigées contre leur auteur;

« Que des provocations de cette nature, si violentes qu'elles soient, n'autorisent jamais de pareilles réponses;

« Que néanmoins celles dont Rochefort a été l'objet,

sans effacer entièrement les torts qu'on lui reproche, les atténuent dans une certaine mesure et motivent une diminution proportionnelle du chiffre de la réparation;

« En ce qui touche la demande reconventionnelle de Marchal, dit *de Bussy;*

« Attendu que cette demande ne repose que sur des griefs généraux auxquels le demandeur n'a donné aucune précision;

« Qu'elle ne fait connaître ni les expressions des articles injurieux ou diffamatoires, ni les numéros des feuilles périodiques dans lesquelles ces articles auraient été publiés;

« Qu'enfin le demandeur n'a apporté à l'appui de sa demande aucune espèce de justification;

« En ce qui touche les dommages-intérêts :

« Attendu que, bien que les demandeurs n'aient pas fixé le chiffre des dommages-intérêts qu'ils réclament et se soient bornés à en demander la fixation par état, il appartient au Tribunal d'en déterminer dès à présent l'importance et la quotité, d'après les circonstances de la cause;

« Par ces motifs,

« Condamne Stamirowski, dit de Stamir, et Marchal, dit *de Bussy*, à payer à Rochefort chacun 3,000 francs de dommages-intérêts :

« Condamne Rochefort à payer à Stamirowski, dit *de Stamir*, la somme de 500 francs au même titre;

« Déboute Marchal, dit *de Bussy*, de sa demande reconventionnelle;

« Ordonne l'insertion des motifs et du dispositif du présent jugement dans quatre journaux, au choix de Rochefort et aux frais de Stamir et de Marchal, et dans un journal au choix de Stamir et aux frais de Rochefort;

« Fait masse des dépens de l'instance entre Rochefort et de Stamir, lesquels seront supportés dans la proportion des trois quarts par de Stamir et d'un quart par Rochefort.

« Condamne Marchal aux autres dépens. »

AFFAIRE ROCHETTE

INTERROGATOIRE — PLAIDOIRIES — JUGEMENT

TRIBUNAL DE POLICE CORRECTIONNELLE

SIXIÈME CHAMBRE

—

Audience du 5 Août 1868

—

AFFAIRE HENRI ROCHEFORT. — COUPS ET BLESSURES VOLONTAIRES

Cette affaire, dit la *Gazette des Tribunaux*, annoncée par les organes de la presse pour l'audience de ce jour, a attiré dans le vestibule du tribunal de police correctionnelle un grand nombre de curieux qui, placés derrière les barrières volantes, attendent avec impatience l'ouverture des portes. Un piquet de sergents de ville, commandé par un officier de paix, a été commandé pour renforcer la garde ordinaire et maintenir l'ordre.

M. Victor-Henri de Rochefort-Luçay, homme de lettres, âgé de trente-six ans, est traduit aujourd'hui devant le tribunal, sous la prévention « d'avoir, le 9 juillet 1868, à Paris, avec préméditation, porté des coups et fait des blessures au sieur Rochette, sans qu'il soit résulté desdits coups et blessures aucune maladie ni incapacité de travail pendant plus de vingt jours, délit prévu et puni par l'article 311 du Code pénal. »

A une heure, la cause est appelée.

M. Rochefort prend place sur le banc des prévenus libres.

M. le Président. — Vous êtes prévenu de coups et blessures sur la personne de M. Rochette, imprimeur ; je ne veux pas scinder votre défense, mais voyez s'il vous convient de nous dire, tout d'une haleine, comment les faits se sont passés.

M. Rochefort. — Je suis à la disposition du tribunal, voici ce qui s'est passé entre M. Rochette et moi.

J'habite la campagne. Le 9 juillet, je suis arrivé dans les bureaux du *Figaro* à midi moins un quart environ. Dès mon arrivée, on mit sous mes yeux la troisième et dernière avant-garde de *l'Inflexible*. Un article intitulé : *Henri Rochefort*, contenait dans sa dernière partie une phrase qui disait clairement que j'avais été condamné deux fois pour escroquerie. J'appris, au même moment, par M. Wolf, que ces messieurs de *l'Inflexible* savaient que j'avais une fille élevée dans une pension des Champs-Élysées, et qu'ils avaient l'intention de lui envoyer la collection de *l'Inflexible* et de lui apprendre qu'elle était ma fille naturelle.

(Ici M. Rochefort s'arrête un instant en proie à une vive émotion qu'il s'efforce de contenir. Il continue :)

Ce qui me fut dit au sujet de ma fille me fut très-sensible. Je me fis cette réflexion : Mais si ces détails arrivent à la maîtresse de pension de mon enfant, je suis perdu et mon enfant aussi. On ne voudra pas la garder dans la maison où elle est, qui est l'une des premières institutions.

J'ai cru qu'il fallait à tout prix empêcher la publication de la brochure annoncée. Accompagné de deux amis, MM. Blavet et Noir, je me rendis chez l'imprimeur. Je ne pouvais pas demander raison à M. Marchal, dit *de Bussy*, à cause de son passé, ni à M. Stamir, dont j'avais vainement cherché l'adresse, et qu'on m'avait dit avoir été élevé à la Roquette.

On m'avait parlé, au contraire, de l'imprimeur comme d'un homme jeune, vigoureux et d'un passé honorable. Je pensai que je pourrais m'adresser à lui, parce qu'il était évident pour tous que les attaques dont j'avais été l'objet ne pouvaient lui avoir échappé, *l'Inflexible* n'ayant été créé que pour calomnier et diffamer un certain nombre de personnes, et notamment la rédaction du *Figaro* et le rédacteur de *la Lanterne*.

Craignant que les projets de ces messieurs relativement à ma fille ne fussent mis immédiatement à exécution, je voulais agir sur-le-champ; c'est pour cela que je suis allé en personne chez M. Rochette. Mon intention était de le provoquer, pensant bien que, s'il acceptait, il refuserait ses presses à ces messieurs et qu'aucun autre imprimeur ne serait à leur disposition.

En route, M. Victor Noir me fit observer que dans l'établissement de M. Rochette, nous pourrions être l'objet, soit de la part de ses employés, soit de la part des agents de *l'Inflexible*, de quelque violence contre laquelle il était prudent de se prémunir. Sur cette observation, j'achetai chez un brocanteur d'une rue que je crois être la rue Vavin une canne fort ordinaire, puisqu'elle me coûta cinquante centimes. Ce brocanteur m'offrit une canne plombée que je refusai. MM. Blavet et Noir n'en avaient point.

En arrivant dans l'établissement de M. Rochette, j'entrai dans un magasin de librairie; une jeune fille se trouvait sur la porte. Je lui demandai si c'était bien là l'imprimerie de M. Rochette et si ce dernier était chez lui. Je ne me suis pas enquis auprès d'elle de la question de savoir si les ouvriers étaient ou n'étaient pas dans l'établissement. J'affirme que cette pensée ne m'est pas venue à l'esprit. Je suis allé droit à l'établissement, dès que je suis sorti de la voiture.

Je suis entré dans un bureau où j'ai trouvé un employé. Sur ma demande, on est allé prévenir M. Rochette. Quand celui-ci est descendu, j'étais dans son bureau avec MM. Noir et Blavet; il n'y avait que nous quatre. Ces deux messieurs ne se sont pas placés derrière la porte avec l'intention d'en défendre l'entrée; la meilleure preuve en est dans ce fait que pendant notre conversation l'associé de M. Rochette est entré dans le bureau sans la moindre opposition de mes amis.

J'avais amené avec moi MM. Noir et Blavet parce que j'espérais que M. Rochette accepterait ma provocation, et je comptais qu'ils se seraient immédiatement mis en rapport avec ses témoins, et qu'une rencontre aurait lieu sur-le-champ.

Je proteste contre toute supposition qui aurait pour but de faire ces messieurs complices d'une voie de fait que je n'avais point préméditée et à laquelle je me suis laissé entraîner par l'attitude et par les réponses de M. Rochette. Je me suis assuré par plusieurs questions que je lui ai posées, qu'il avait connaissance de tout ce qui avait été imprimé contre moi dans *l'Inflexible.*

Après avoir acquis la certitude que M. Rochette avait lu, avant de les imprimer, les articles me concernant, je le provoquai dans les termes d'une politesse qu'il doit reconnaître. Là-dessus M. Rochette me répondit qu'il avait habité l'Espagne, et que, s'il avait à se battre, il ne se battrait qu'au couteau. Au même instant, M. Johnson arriva ; M. Rochette me le présenta comme son associé, et je crus comprendre qu'il tenait à me faire remarquer que ma provocation s'adressait aussi bien à M. Johnson qu'à lui, Je répondis à cela que, son nom se trouvant seul sur le journal, je ne connaissais que lui. M. Rochette, s'adressant à son associé, lui dit en riant : « Voilà M. Rochefort qui vient me proposer un duel pour le dernier numéro de *l'Inflexible.* » Je lui fis observer qu'il n'y avait rien de comique dans le fait de calomnier un honnête homme. J'ajoutai qu'il n'y avait rien de drôle de ma part à venir lui demander raison de ces calomnies. M. Rochette répondit en riant : « Eh bien! moi, je trouve ça très-comique. » A l'instant même, je lui donnai un soufflet en lui disant qu'il trouverait peut-être cela moins comique. J'ajoutai : « Maintenant, vous trouvez-vous suffisamment insulté? »

En ce qui concerne les coups de canne, si M. Rochette en a reçu, il n'en a reçu qu'un, et je ne l'ai pas porté volontairement. J'ai donné le soufflet de la main droite, et immédiatement après j'ai pris une position défensive, en avançant la main gauche, dans laquelle se trouvait la canne. Cette attitude avait pour but de parer un coup possible. Si la canne a touché M. Rochette, c'est pour ainsi dire contre ma volonté, et, dans tous les cas, en dehors de tout dessein de le frapper.

M. le Président. — Le tribunal comprend sous quelle émotion vous avez agi; mais ce qu'il comprend moins, c'est la promptitude de la résolution que vous avez prise et celle de son exécution; ce que vous avez fait est contraire aux usages.

M. Rochefort. — Je le sais, monsieur le président; mais je voulais aller au-devant de ce que je considérais comme un grand danger; je voulais à tout prix mettre ma fille à l'abri de cette affaire.

M. le Président. — Nous comprenons; mais la prévention suppose que vous vous faisiez accompagner de vos deux témoins pour soutenir l'agression que vous alliez commettre.

M. Rochefort. — Une agression était à mille lieues de ma pensée ; je ne voulais qu'une chose en me rendant chez M. Rochette : je voulais lui faire comprendre que, d'une manière ou de l'autre, il devait cesser d'imprimer les calomnies dont j'étais l'objet ; je n'ai pas réfléchi à autre chose, et avec cette idée, je suis parti avec les deux amis qui se sont trouvés sous ma main. Du reste, cette précipitation qu'on me reproche, j'ai eu à la subir et je l'ai acceptée ; il m'est arrivé de me battre sur l'heure même qui suivait la provocation.

M. le Président. — Ainsi, vous déclarez que vos deux témoins n'avaient pas d'instructions antérieures, par exemple pour tenir fermée la porte du cabinet de M. Rochette ?

M. Rochefort. — Pas le moins du monde ; jamais je n'ai songé à de telles choses.

M. le Président. — Voici maintenant, au point de vue de la préméditation, ce que la prévention fait ressortir. Elle vous impute, sur trois cannes qui vous étaient offertes par le marchand, d'avoir choisi la plus forte et d'avoir dit en la maniant : « Voilà qui sera bien. » Expliquez cette première circonstance ; j'ajoute, dès à présent, qu'il est reconnu que la canne n'était pas plombée.

M. Rochefort. — Je réponds que j'ai mis si peu de préméditation dans toute cette affaire que je ne pensais pas à me munir ni d'une canne ni de tout autre objet pouvant servir à ma défense ; ce n'est que sur l'observation de l'un de mes amis qui me faisait remarquer qu'il n'était pas prudent de nous rendre dans un établissement où on pourrait nous traiter en ennemis, que j'ai eu l'idée de me munir d'une canne, mais jamais je n'ai eu l'intention d'en frapper M. Rochette ; si j'avais eu de mauvaises intentions, le marchand m'a offert une canne plombée, je n'aurais pas refusé de l'acheter.

M. LE PRÉSIDENT. — Autre fait : à ce moment où vous vous rendiez chez M. Rochette, vous saviez que vous n'y trouveriez pas d'ouvriers, dit la prévention.

M. ROCHEFORT. — Je ne connaissais pas les habitudes de l'imprimerie ; on m'avait même dit qu'il n'était pas imprimeur et n'avait qu'une presse à imprimer.

M. LE PRÉSIDENT. — Un certificat de médecin a constaté au bras de M. Rochette une tumeur de la dimension d'un œuf.

M. ROCHEFORT. — J'ai déjà dit que je ne savais pas comment ma canne avait pu toucher M. Rochette. Dans tous les cas, il me semble qu'un coup de canne produit un bleu, un noir, mais non une tumeur. Huit jours après notre entrevue, j'ai demandé à M. Rochette à voir son bras ; il a refusé.

M. LE PRÉSIDENT. — Enfin la prévention vous reproche la précipitation de votre fuite.

M. ROCHEFORT. — Je me suis si peu pressé de fuir, qu'après le soufflet j'ai dit à M. Rochette : « Maintenant, vous trouvez-vous suffisamment insulté? » Je me suis si peu enfui, qu'ayant oublié mon chapeau dans le cabinet de M. Rochette, je me suis arrêté dans l'escalier, laissant à M. Blavet le temps d'aller le chercher.

M. le Président. — Voilà vos explications; nous allons entendre celles de M. Rochette, qui se porte partie civile et conclut aux dépens pour tous dommages-intérêts.

(M. Rochette fait la déclaration suivante :)

M. Rochefort s'est présenté dans mon établissement le 9 juillet, à midi et demi. Il a demandé à mademoiselle Élise, attachée à mon imprimerie, s'il y avait du monde dans les ateliers et dans les bureaux, et si j'étais chez moi. Elle lui a répondu qu'il n'y avait personne dans les ateliers ni dans les bureaux, et que j'étais dans mon appartement.

M. Rochefort est entré dans un bureau où se trouvait un employé, qui est venu me prévenir; je suis descendu, croyant avoir affaire à un client. Dans mon bureau, j'ai trouvé deux personnes qui m'étaient totalement inconnues. L'une d'elles m'a demandé si j'étais M. Rochette; j'ai répondu affirmativement. Au même instant, une troisième personne est entrée. Ce nouveau venu, que j'ai su depuis être M. Victor Noir, a refermé la porte du cabinet et s'est placé devant comme pour en défendre l'entrée. La personne qui était entrée en premier lieu avec celle qui m'avait demandé si j'étais bien Rochette (j'ai su depuis que c'était M. Émile Blavet) fit le même mouvement que M. Victor Noir et se plaça avec lui devant la porte. Ce mouvement fait, celui qui m'avait interpellé m'a dit qu'il était M. Henri Rochefort, et il me demanda si j'étais bien l'imprimeur de *l'Inflexible;* je répondis oui. Alors M. Rochefort me dit : « Je ne puis me battre avec des voleurs, des escrocs et des repris de justice; je vous crois un honnête homme et je viens vous proposer de vous battre avec moi. » Je répondis à M. Rochefort : « Je ne suis qu'un instrument, un barbouilleur de papier; j'imprime *l'Inflexible* comme j'imprimerais *la Lanterne*, sauf vérification. »

Au même instant, un administrateur de ma maison, M. Johnson, qui venait de déjeuner, entra dans mon bureau en forçant la porte, dont MM. Blavet et Noir obstruaient le passage. Je dis à M. Johnson : « Je vous présente M. Rochefort; » je ne parlai pas des autres, dont les noms m'étaient inconnus. Cette présentation faite, je dis à M. Johnson : « Vous ne vous douteriez pas de ce que vient me proposer M. Rochefort, homme de lettres; il me propose un duel. — Est-il possible! » s'écria M. Johnson. A l'instant même, M. Rochefort me donna un soufflet et me porta plusieurs coups avec une canne plombée. Ces coups étaient dirigés sur la tête. Le mouvement que je fis pour les esquiver les détourna, et je les reçus sur l'avant-bras gauche. M. Johnson s'élança alors vers les ateliers pour appeler à l'aide. M. Rochefort, profitant de la stupéfaction dans laquelle m'avait plongé cette agression, se mit derrière MM. Blavet et Noir, et ils se précipitèrent tous trois dans l'escalier, d'où ils gagnèrent en courant une voiture qui les attendait devant ma porte, et ils s'éloignèrent.

MM. Blavet et Victor Noir étaient armés chacun d'une canne; je ne sais si elles étaient plombées. Voici ce qui me fait dire que celle de M. Rochefort était plombée : sa canne, en me frappant, enveloppa, pour ainsi dire, mon bras; il était évident que la partie plombée, ne frappant pas directement, faisait ployer la canne.

Il est certain pour moi que M. Rochefort est venu me trouver à une heure où il avait la certitude qu'il n'y avait chez moi ni ouvriers ni employés. J'ai également la conviction que MM. Blavet et Noir ont accompagné M. Rochefort dans le but de lui faciliter les voies de fait dont je devais être l'objet et dans le but de le garantir de toutes représailles possibles.

AUDITION DES TÉMOINS

M. Johnson, administrateur de l'imprimerie Rochette, dépose :

Le 9 juillet, à midi et demi, je suis entré dans le cabinet de M. Rochette, qui est aussi le mien. La porte ne s'est pas ouverte naturellement; il y avait derrière deux messieurs qui paraissaient placés là dans le but de l'empêcher de s'ouvrir. Ils se retirèrent cependant quand ils sentirent que quelqu'un voulait entrer. M. Rochette était là avec trois personnes inconnues de moi. Il me présenta M. Rochefort, et, au moment où j'allais prendre place à mon bureau, il me dit que M. Rochefort venait lui proposer de se battre en duel avec lui. En entendant cela, je levai machinalement les bras en l'air, et je dis : « Quelle singulière proposition ! cela n'est pas sérieux ! » Au même moment, j'ai entendu le bruit d'un soufflet, et je vis M. Rochefort porter deux ou trois coups de canne à M. Rochette. Ce dernier para les coups avec le bras gauche, et c'est sur ce bras qu'il a reçu les coups.

Dès que j'ai vu cela, j'ai bousculé ces messieurs et je suis allé dans le bureau en face pour voir s'il y avait quelqu'un ; je suis resté à peine une demi-minute absent, et quand je suis revenu, ces messieurs étaient déjà partis. L'un des messieurs qui accompagnaient M. Rochefort avait une canne ; quant à l'autre, je n'ai pas remarqué s'il était armé.

M. le Président. — J'ai à insister sur un point. Votre impression a-t-elle été que les deux amis de M. Rochefort défendaient la porte d'entrée du cabinet de M. Rochette?

M. Johnson. — Ils ne la défendaient pas, non, mais ils l'obstruaient.

M. le Président. — Mais, en l'obstruant, votre impression est-elle, oui ou non, que l'intention des deux amis était de ne pas laisser la porte libre?

M. Johnson. — C'est mon appréciation.

M. le Président. — Ainsi, ce n'est point un fait, c'est une appréciation? Vous êtes certain d'avoir vu porter plusieurs coups de canne?

M. Johnson. — Deux au moins.

M. le Président. — Et quand vous êtes allé chercher du secours, vous n'avez pas trouvé d'ouvriers dans les ateliers?

M. Johnson. — Non; ils n'étaient pas encore revenus de déjeuner.

M. le Président. — Combien de temps s'est-il écoulé entre le moment où vous avez quitté le cabinet et celui où vous êtes revenu et où vous avez trouvé le cabinet vide?

M. Johnson. — Le temps d'aller à la fenêtre, sur le carré du cabinet.

M. le Président. — A-t-il été possible à l'un des trois de revenir dans le cabinet y chercher un chapeau oublié?

M. Johnson. — C'est impossible; il y avait vingt marches à remonter pour celui-là, et je n'avais pas dix pas à faire.

M. le Président. — Avez-vous vu la blessure immédiatement?

M. Johnson. — Oui, monsieur le président, j'ai remarqué une grosseur rouge au bras gauche.

Le sieur Fayable, employé à l'imprimerie, déclare

également qu'après la sortie de ces messieurs du cabinet de M. Rochette, il n'y a vu remonter personne.

LE SIEUR RENAUD, marchand brocanteur, rue Vavin, 1, déclare que, dans la matinée du 9 juillet, il a vendu à M. Rochefort une canne en cornouiller, du prix de 50 centimes; il affirme ne lui avoir pas proposé de canne plombée, ajoutant qu'il n'en avait pas et qu'il n'en a jamais eu. Il n'avait, dit-il, que trois cannes dans sa boutique, une en jonc, une en rotin, la troisième en cornouiller; c'est cette dernière que M. Rochefort a préférée.

La parole est donnée à l'avocat de M. Rochette, partie civile.

PLAIDOIRIE DE Me DE BARTHÉLEMY

Messieurs, après ces débats, les dépositions que vous avez entendues, quant à présent, mon rôle est bien simple. Le fait matériel est avoué, il est prouvé; la préméditation n'est pas discutable; je pourrais me contenter de vous dire : Voyez et jugez. Permettez-moi seulement une courte appréciation des faits.

Un imprimeur était chez lui; un homme de lettres est venu, s'est livré sur sa personne à des voies de fait; vous savez lesquelles. L'homme de lettres dit qu'il n'était venu que pour provoquer un duel. Là, messieurs, vous aurez à vous demander si entre gens bien élevés les choses se passent comme l'a voulu M. Rochefort, si, en matière de duel, les règles, cette fois, ont été observées. Vous vous demanderez si M. Rochefort, que je considère comme un homme d'honneur, était de sang-froid quand il est venu provoquer, qui? un imprimeur, un ancien prote, devenu patron à force de courage et de labeur. Je le demande, messieurs, M. Rochefort ne se trompait-il pas d'adresse, et alors qu'il avait l'auteur sous la main, devait-il s'en prendre à l'imprimeur? Je sais bien qu'on a dit que Stamir était indigne de la colère d'un honnête homme; mais pourquoi, un mois auparavant, l'en avait-on trouvé digne? J'ai cherché vainement l'indignité de M. Stamir, et je n'en ai pas trouvé d'autre que son duel avec un zouave pontifical, histoire qui n'est que de la fable; voilà une fable qui coûte cher à son inventeur.

Je ne viens pas, messieurs, défendre ce qui n'est pas défendable. Oui, mille fois oui, ces libelles sont mauvais, détestables; ce ne sont qu'infamies et calomnies; je comprends qu'on dise cela; mais ce que je ne comprends plus, c'est d'en rendre responsable, non pas les auteurs, mais l'imprimeur. Oui encore, M. Rochefort a donné à sa vengeance des motifs puissants, puisés à la source des sentiments les plus honnêtes et les plus respectables; mais à qui devait-il s'en prendre pour assouvir ce besoin légitime de vengeance? Certes, avilir un père dans l'esprit de sa fille, c'est plus qu'une mauvaise action, c'est un crime; mais qui jamais a formé ce projet? Non, il n'est venu à l'esprit de personne une telle noirceur; ce sont propos inconsidérés qui sont tombés dans l'oreille de M. Rochefort; on l'a poussé en lui disant des choses fausses. Ce qui le prouve, c'est que la brochure dont M. Rochefort voulait empêcher l'impression a paru après les coups et qu'elle ne contient pas un mot à l'adresse de la jeune fille de M. Rochefort.

La proposition de duel ne pouvait donc être sérieuse; non, ce que voulait M. Rochefort, c'était empêcher la publication en intimidant l'imprimeur. Sa canne, il ne l'avait pas prise pour se défendre; ses amis en avaient pour repousser l'agression, si elle s'était produite; c'était donc une canne pour frapper, et ce qui le prouve, c'est qu'en en essayant une plus mince, comme il avait dit que cela serait suffisant, l'un de ses amis lui dit : « Non, » et il choisit une plus grosse.

Il ne me reste qu'une chose à dire, messieurs. Depuis que j'ai l'honneur d'être au barreau, je me suis appliqué à mettre les imprimeurs en dehors de toute responsabilité pour les œuvres qu'ils impriment quand les auteurs sont connus. Il est pénible pour moi de venir aujourd'hui soutenir cette thèse contre un homme d'un très-grand talent, d'une très-grande honorabilité; il était digne de lui, reconnaissant son tort, d'arriver à une conciliation; il a jugé à propos de suivre une voie contraire et de raconter dans *la Lanterne*, à sa manière, son entrevue avec M. Rochette; vous lirez ces lignes, messieurs, et vous déciderez de quel côté sont la justice et la courtoisie; je n'en dis pas davantage et je m'arrête, à moins que de nouvelles agressions de la défense ne me forcent à reprendre la parole.

RÉQUISITOIRE

DE M. L'AVOCAT IMPÉRIAL BLAIN DES CORMIERS

Messieurs, je n'aurai pas d'efforts à faire pour établir la culpabilité de M. Rochefort.

Le 9 juillet dernier, M. Rochefort se présente dans l'établissement de l'imprimeur Rochette, accompagné de deux de ses amis; il demande s'il est seul, et sur la réponse affirmative d'une jeune employée, il entre avec ses deux amis dans le bureau. L'impression du témoin Johnson, associé de M. Rochette, est que ces deux amis étaient là pour défendre la porte de l'entrée du bureau.

M. Rochette, prévenu que des étrangers l'attendent dans son bureau, ne tarde pas à s'y rendre. En le voyant, M. Rochefort lui dit qu'il ne peut se battre avec des escrocs et des voleurs, et lui propose de se mesurer avec lui. Vous savez les propos échangés qui suivent cette provocation. Survient M. Johnson; Rochette lui fait part de la provocation qui lui est faite, et tout aussitôt il reçoit un soufflet, puis des coups de canne. Ces coups étaient dirigés sur la tête, et c'est en les parant que M. Rochette les reçoit sur le bras gauche.

Les faits sont bien simples : c'est le délit de coups et blessures volontaires; il est établi, avoué; la préméditation ne l'est pas moins. On choisit une canne entre trois qui sont offertes, la plus grosse, la plus lourde, la plus solide. En entrant dans la maison Rochette, on prend soin de demander si les ouvriers y sont ; sur la réponse négative, on entre, pleins d'assurance, et, enfin, après les coups, on fuit précipitamment, et on a pris des précautions pour fuir, car une voiture attend à la porte. Ajoutons que l'histoire du chapeau est une fable qu'aucun témoignage n'est venu appuyer.

Cette préméditation est repoussée par le prévenu. Il dit qu'il n'est allé chez Rochette que pour le provoquer en duel; que, s'il l'a frappé, c'est que Rochette ne lui a répondu que par le dédain et le sourire. Mais, je le demande, quelle autre réponse pouvait être faite à une telle démarche. Voyons ce qui a précédé.

L'Inflexible publie contre Rochefort un outrage sanglant pour lui, je le reconnais. A qui fallait-il demander la réparation? A l'auteur de l'ouvrage, apparemment, à celui qui l'avait médité, rédigé; à l'auteur enfin, à l'homme de lettres son collègue. Eh bien! non, il s'adresse à l'imprimeur, qui a parfaitement répondu en disant :

« Mais j'imprimerais *la Lanterne* comme j'imprime *l'Inflexible;* je ne suis qu'un barbouilleur de papier, une machine. »

Disons donc que toutes les circonstances de la visite se réunissent pour établir que le duel n'a été qu'un prétexte pour arriver aux coups. Le prévenu a voulu une vengeance et non une loyale réparation, et cette vengeance, il l'a exercée sur qui ne devait pas avoir à la redouter, sur l'imprimeur.

Et maintenant, je me demande quel est, à part M. Rochefort, celui qui, injurié dans un journal, aura l'idée d'en demander la réparation à un imprimeur.

On dit tous les jours à cette barre, et particulièrement du côté de la défense, que les imprimeurs ne sont que des instruments, et ces instruments on les soufflette et on les frappe à coups de canne; il y a là un défaut de logique ou un défaut de modestie.

Et quel est cet homme si rigide, si susceptible, qui fait payer du soufflet et du bâton l'injure qui lui est faite? C'est ce journaliste, ou plutôt ce pamphlétaire, devant lequel personne ne trouve grâce, ni le citoyen dans sa vie privée, ni le fonctionnaire public; c'est cet insulteur dont la plume distille le poison. A un tel homme vous apprendrez ce qu'il doit attendre de la justice quand il quitte sa plume pour frapper du bâton.

PLAIDOIRIE DE Me CLÉMENT LAURIER

Messieurs, cette affaire, qui aurait dû rester simple dans sa gravité, a pris, sous la parole et surtout sous l'accent du ministère public, des allures si vives que, sans sortir de ma cause ni de mon droit, je demande au tribunal de me permettre d'entrer dans un ordre de considérations, qu'autrement, et n'était le cas de légitime défense où je suis réduit, j'aurais volontiers écartées de ce procès.

M. Rochefort n'est pas le premier venu dans la presse; son talent, qui procède d'un caractère plein de véhémence, mais plein de droiture, est de ceux qui imposent l'estime, même à l'ennemi. Il est un écrivain très-honorable et très-honoré.

Sans doute, il publie un journal infiniment désagréable à beaucoup de gens du haut et du bas..., si tant est qu'il y ait un haut dans tout ceci; mais ce journal ne saurait être une raison pour mettre sa personne hors le droit commun, dans les matières d'honneur, et le déplaisir de l'autorité ne suffit point à justifier toutes les attaques dirigées contre lui, sous prétexte de talion et de représailles. Aussi, en prenant la parole, je ne vous dissimulerai pas l'étonnement que j'éprouve à trouver dans le réquisitoire du ministère public, de cet impassible représentant de la justice froide et non émue, des paroles amères et presque ardentes que je n'avais pas rencontrées sur les lèvres de l'honorable avocat de M. Rochette.

Me de Barthélemy avait réduit l'affaire à ses véritables proportions en disant : M. Rochefort est un homme honorable, d'un très-grand talent, mais violent à l'excès et qu'une folle colère a conduit à se méprendre étrangement dans l'exercice de ses vengeances. C'est là le thème vrai, l'aspect exact de ce procès, et cette appréciation pleine de mesure fait honneur à la justesse d'esprit de mon adversaire. Ce qu'il n'a pas voulu nier non plus, c'est la provocation gratuite dont Rochefort avait été l'objet, c'est l'indigne lâcheté avec laquelle on l'a voulu traîner dans des fanges jusqu'ici inconnues et tout à fait particulières, les fanges de M. Stamir et de M. Charles Marchal, dit *de Bussy* !

A une précédente audience, j'avais donné un exemple de rare modération ; mais, aujourd'hui, en présence des sévérités si inattendues de M. l'avocat impérial, vous me permettrez de défendre Rochefort avec toute l'énergie dont je suis capable, et de vous montrer dans les antécédents du procès les causes qui ont suscité chez Rochefort ces bouillonnements qui se sont traduits par des voies de fait.

Depuis quelque temps, nous avons vu se produire dans la presse un courant horrible, abominable, dégradant, tel qu'on n'en avait jamais connu. Il faut bien convenir que nos entraînements ne sont pas de même espèce ni nos passions de même ordre. Nos colères, si violentes qu'elles soient, restent des colères d'honnêtes gens, des colères *propres*, passez-moi l'expression.

Est-ce le cas de MM. Stamir et de Bussy, et peut-on les rattacher à quelque chose d'avouable? En aucune façon. La politique comporte toutes sortes d'excuses parce qu'elle est faite de toutes sortes d'excitations et qu'en elle les erreurs n'excluent ni la loyauté des personnes ni l'honnêteté du but.

La polémique est faite d'exagération et de grossissement, et on ne dit jamais des gens ni tout le bien ni tout le mal qu'il faudrait.

C'est que la juste mesure dans ces luttes est bien difficile à déterminer; l'histoire elle-même y prétend bien plus qu'elle n'y atteint, et tout ce que nous pouvons faire dans ces combats de chaque jour, c'est d'être non de sang-froid, mais de bonne foi. Pour tous les esprits un peu sérieux, ce sont là les conditions de la politique, critiquables et inévitables en même temps. Cela dit, j'ose vous demander si les pamphlets de Stamir et de Bussy peuvent, par quelque côté, se rattacher à quelque chose de noble et d'élevé? Où est la loyauté des personnes, où est la loyauté du but? La politique est faite de passion et d'injustice, mais elle est faite d'honneur aussi, et je demande où est l'honneur de ces personnages.

(Ici, Me Laurier rappelle que Bussy et Stamir ont mensongèrement imputé à Rochefort deux condamnations pour escroquerie. Il continue :)

Ne vous semble-t-il pas que de tels procédés dépassent toutes les limites permises des attaques qui s'adressent à la vie privée? Et rappelez-vous, à ce sujet, le scandale d'une de vos dernières audiences. Ces deux hommes étaient là, sommés et mis en demeure de se rétracter. J'étais venu à l'audience les mains pleines de preuves, j'ai tenu mes mains fermées, je n'ai pas voulu laisser parler mes pièces! J'avais pourtant un dossier chargé à mitraille! Tant de modération a enhardi ces mauvais cœurs, ils n'ont compris ni la pitié, ni le dédain.

Loin de là, à votre barre, ils ont pris la parole pour maintenir et aggraver leurs propos, et au moment même ou la palpable démonstration du mensonge était faite contre eux, leur rage d'affirmation redoublait. Tels sont les hommes que M. l'avocat impérial encourageait Rochefort à se choisir pour adversaires, trouvant qu'entre eux et lui la différence est mince et qu'il pouvait sans déchoir accepter un duel avec M. Stamir. De telles confusions seraient toujours regrettables, dans des affaires où la vérité serait faite de nuances et de proportions; mais combien plus ne le sont-elles pas en présence de situations si différentes, si contraires, devrais-je dire, et séparées par des abîmes?

Eh quoi! il faudra que Rochefort, cet homme si fier et si

brave, toujours prêt à mettre sa poitrine devant sa plume, accepte un vrai duel avec M. Stamir, qui vient de se couvrir de honte par cette comédie du duel imaginaire que tout Paris connaît ! Il faudra qu'il croise le fer avec ce menteur d'épée ! Non, non, l'espèce de justice violente qui se rend au nom de l'honneur a ses règles, elle aussi : elle exige avant tout des situations qui, moralement parlant, et aux yeux du monde, soient à peu près égales, elle demande, non pas que les deux combattants aient le même honneur, mais que chacun d'eux ait un honneur.

Mais si noires que soient les calomnies que vous connaissez, elles ne sont rien, absolument rien, à côté de cette situation que Rochefort vous décrivait dans son interrogatoire avec tant de simplicité et de douleur. Il y a dans la vie de cet homme si énergique, si résistant, un côté qui n'appartient point aux luttes de la littérature ou de la politique, et par où il est particulièrement vulnérable. La vie est ainsi faite que les cœurs les plus fermes, les plus durs si vous voulez, ont toujours en réserve, là ou là, quelque trésor particulier de bonté et de tendresse ; car il faut bien aimer quelqu'un, et plus l'homme est vaillant, plus son âme est forte et de bataille, plus on est certain de trouver en lui cette faculté d'attendrissement qui est comme le charme de la force.

Rochefort a placé toutes ses affections, toutes ses tendresses, tout ce meilleur de lui, sur la tête de sa petite fille, pauvre chère enfant dont il ne pouvait vous parler sans qu'on entendît sous sa voix des sanglots cachés. Il y a chez ce père une passion de tendresse, une inquiétude de protection, une surveillance jalouse, que vous n'imaginez point. L'enfant a douze ans; elle est élevée dans un des meilleurs pensionnats de Paris; eh bien! c'est dans ce devoir accompli, c'est dans cette sainteté et cette innocence que les barbares ont voulu le frapper.

Que de plus fiers que moi, messieurs, gardent leur sang-froid et leur cœur impassible en présence de ce degré de cruauté; je vous déclare, quant à moi, que le spectacle de tant de douleur me laisse sans courage, même pour m'indigner; et je me borne à dire, comme disait, mercredi dernier, M. l'avocat impérial Chevrier devant la 1re chambre du tribunal : « Ce sont là des choses qui arrachent des larmes, même aux étrangers! »

Ainsi, messieurs, et cela éclaire toute cette question de préméditation qu'on a, bien à tort, ce me semble, mêlée à ce procès, Rochefort est arrivé de Nogent à onze heures et quart. A onze heures et demie, il arrive aux bureaux de *la Lanterne*. Là, il rencontre des amis qui l'avertissent du coup qu'on lui prépare, de la menace faite contre l'honneur de sa fille.

Il vous l'a dit avec un cri de père :

« J'ai vu ma fille perdue! J'ai eu une immense peur et une immense douleur! Je sais ce que ces gens peuvent écrire, et la pensée que mon enfant, une enfant de douze ans, allait leur devenir matière à pamphlets, qu'elle allait être tachée de leur encre, cette pensée-là m'a fait sauter la tête. Je me suis dit : A toute force, j'empêcherai ce libelle de paraître ! je l'empêcherai au prix de ma vie, au prix de ma fortune, de ma liberté. » Ici il n'y a pas de droit supérieur au devoir. Voilà ce qu'il pensait, ce qu'il disait; et j'en appelle à vous tous, et, avant que vous jugiez l'acte légal, je vous demande de juger l'acte moral et de me dire ce que vous penseriez du père qui n'en eût pas fait autant.

Bouleversé, hors de lui, poussé en avant par la nécessité de défendre sa fille, si bien qu'il serait le dernier des lâches s'il ne l'avait pas fait, il a cherché autour de lui un adversaire possible, un homme avec qui on pût avoir une affaire d'honneur sans déshonneur. M. Rochette, l'imprimeur, s'est offert à son esprit.

(Ici Me Laurier donne lecture de divers passages des libelles de Bussy.)

Comment après cela ne comprendrait-on pas toutes les indignations, toutes les colères et toutes les violences à la suite? Et cependant M. Rochefort ne peut pas provoquer de Bussy? Ces deux colères ne peuvent pas être mises sur le pied d'égalité et se choquer l'une contre l'autre. Charles Marchal défie toutes les attaques, et au point de vue des réparations d'honneur s'est assuré toutes les impunités, placé qu'il est dans un état de considération qui ne comporte aucun contact de terrain entre un galant homme et lui. C'est pour lui qu'a été fait le vers célèbre :

> Tout gonflé de venin, il attend les morsures !

Et vous allez voir si nous exagérons rien, si nous n'avons pas le droit de dire que M. de Bussy est hors l'honneur et hors le combat. Voici le dossier de cet homme qui a écrit en parlant de Rochefort : « Faut du dossier, pas trop n'en faut. » J'ai entre les mains la liste de ses condamnations en police correctionnelle et en cour d'assises, et je ne pense pas que, depuis la fameuse liste des conquêtes de don Juan, on ait jamais vu plus longue pancarte. La voici, le tribunal me permettra d'en donner lecture.

En 1846, il est condamné par la Cour d'assises à cinq ans de prison et 10,000 francs d'amende pour un libelle contre la famille d'Orléans, libelle tellement immonde que ni l'accusation ni la défense n'en lisent une ligne.

En 1845, condamnation en police correctionnelle à raison d'escroquerie...

Une voix, dans le fond de l'auditoire. — C'est faux !

M. LE PRÉSIDENT. — Faites sortir cet individu !

Plusieurs voix. — C'est Charles Marchal !

M. LE PRÉSIDENT. — Qu'importe ! Faites-le sortir !

Me CLÉMENT LAURIER continue. — Messieurs, j'ai parcouru les collections des journaux, j'ai voulu être complétement renseigné.

En 1845, donc, condamnation en police correctionnelle, à raison d'escroquerie commise au préjudice de la liste civile, un an de prison.

En 1848, libelles démagogiques. Condamnation à trois mois de prison.

En 1851, Cour d'assises de la Seine, à l'audience du 8 octobre, le jury a déclaré le sieur Marchal coupable :

« La Cour, considérant que le sieur Marchal a déjà été condamné en 1845 à plus d'une année pour escroquerie et se trouve dans le cas de récidive, le condamne à cinq années d'emprisonnement. »

En 1860, condamnation à huit jours pour infraction à l'arrêté qui lui interdit pour deux ans le séjour dans le département de la Seine.

En 1862, poursuite pour usurpation de nom et de titre, et infraction à un arrêté d'interdiction.

Condamnation à 50 francs d'amende.

N'est-ce pas assez, messieurs, pour vous faire comprendre qu'entre lui et M. Rochefort il y a un océan de boue !

Comment faire? il faut pourtant trouver quelqu'un qui lui donne satisfaction ; il est touché dans sa fille. Et voilà comment la colère lui est montée au cœur.

Maintenant que Charles Marchal est écarté du débat et que justice a été faite de lui, vouliez-vous que nous allassions nous en prendre à Stamir, ce faux duelliste qui avait besoin de mendier une affaire réelle pour se faire réhabiliter?

Mais dans les âmes les plus bronzées, il y a des répugnances invincibles. Chamfort proposait, pour s'aguerrir, d'avaler tous les matins un crapaud. Rochefort n'a pas eu ce courage. Blessé dans ses sentiments les plus intimes, les plus saints, la colère lui est montée au cerveau, et il a cherché sur qui pouvoir la faire retomber sans se déshonorer. Vous lui reprochez sa précipitation, mais avez-vous donc oublié comment lui-même a été foudroyé? Il arrive au *Figaro*, on l'instruit de ce qu'on dit de lui, de ce qu'on menace de dire plus tard; on prononce le nom de sa fille, qu'on va déshonorer dans son père; deux amis sont là, il part avec eux; pour tuer? pour frapper? non, pour provoquer un homme honorable, pour lui demander raison de sa complicité dans le supplice qui lui est infligé. Il arrive chez Rochette.

On nous reproche cette visite chez l'imprimeur. On nous dit : « Eh quoi! vous qui toujours avez protégé les imprimeurs, qui pour eux avez demandé toutes les immunités, vous vous en prenez à un imprimeur! vous êtes en contradiction avec vous-même. »

Oui, nous voulons pour lui toutes les immunités, mais nous voulons, en même temps, qu'il reste en deçà de la loi de l'honneur. M. Rochette a dit qu'il n'était qu'un barbouilleur de papier, il me confirme en ce moment son dire par un geste, soit! comme dit le philosophe :

« L'homme n'est qu'un roseau, mais c'est un roseau pensant. » Non, l'imprimeur n'est pas une machine; en politique, oui, je veux pour lui l'irresponsabilité; mais, en dehors, je le tiens pour responsable, comme tout homme de cœur et d'honneur.

Quoi! voilà des livres abjects; ils sont imprimés avec un épanouissement de volonté parfaitement reconnue, et celui qui les a lus, les a imprimés, qui les reconnaît, pourrait n'en être pas responsable, et il sera permis à un Bussy de se mettre en travers et de dire : « Frappez, je suis couvert de boue; » à un Stamir de vous crier : « Venez à moi, j'ai besoin de me battre! » Et parce que je tourne le dos à ces immondices et que je me mets en face de M. Rochette, il lui sera permis de me répondre, lui, l'imprimeur : « Je suis une machine. »

Non, M. Rochette n'est pas une machine; au moins, ce dernier s'est calomnié; et remarquez qu'il ne se contente pas de dire, comme un homme effrayé, un peu poltron, qu'il ne veut pas se battre; non, il dit qu'il a été en Espagne, qu'il ne se bat qu'à sa manière; il a son duel à lui, le duel au couteau. Figurez-vous Rochefort à ce moment, sa colère si bien placée en présence de cette réponse; il y a dans cette situation des étincelles qui brûlent. Non, je dis qu'en une telle occurrence il n'est pas permis d'ajouter l'ironie à l'affront, pas permis de se jouer ainsi d'un homme qui, à ce moment, eût accepté le combat au canon rayé, à trois pas. Aussi, ivre de colère,

Rochefort s'écrie-t-il : « Marchons au couteau, venez vite! » Et alors, comme Rochette refuse encore, la main de Rochefort s'est levée. Et après le soufflet, qu'a dit l'homme frappé? La machine a dit : « Non, ce n'est pas un soufflet que j'ai reçu, ce sont des coups de canne. » Il y tient.

Ce qui est fait est fait; après sa condamnation, on dira à Rochefort : « C'est bien, ce que tu as fait; tu n'as pas payé trop cher le devoir de défendre l'honneur de ton enfant. »

Oh! que cet homme-machine ressemble peu à M. de Talleyrand qui, recevant un soufflet devant toute la cour, en l'église de Saint-Denis, se tournant vers M. de Maubreuil, lui disait : « Quel coup de poing le drôle m'a donné! »

Pour M. Rochette, c'est le contraire; il préfère les coups de canne aux soufflets, convaincu que, dans cette circonstance, l'imprimeur ressemble trop aux imprimés.

Dans le principe, messieurs, Rochefort n'a pas voulu frapper; il a voulu arrêter les libelles. Toutes ces circonstances de préméditation qu'on relève contre lui, elles n'existent pas; il avait la préméditation du duel, mais des coups, jamais! Ses amis ne se sont pas placés pour empêcher la libre entrée du cabinet; la canne, il l'a achetée en route; il soutient n'en avoir pas fait usage; il nie s'être enquis s'il y avait ou non des ouvriers dans les ateliers, et enfin il nie la précipitation de sa retraite.

Il y avait deux hommes en présence, tous deux jeunes, vigoureux. Si M. Rochette ne sait pas tenir l'épée, Rochefort ne le sait pas davantage ; ce n'est pas un spadassin, c'est un homme qui se bat quand son honneur le lui commande ; la partie était donc égale.

M. l'avocat impérial, toujours dans le but d'établir la préméditation, qui, bien évidemment, n'a rien à voir dans tout ceci, vous a dit que les deux témoins amenés par Rochefort étaient bien plutôt des complices destinés à lui prêter main forte ; il a ajouté qu'en matière de duel il fallait toujours laisser un intervalle assez long entre la provocation et le combat, d'où il suit que leur présence chez Rochette, en tant que témoins, était inutile et dedemeure inexplicable.

Cette démonstration n'est point rigoureuse. Le code du duel, — car il y en a un, rédigé par M. de Chateauvillard, — n'a point de prescriptions si rigoureuses et à peine de nullité. Cela est bon pour le code de procédure. Le temps à laisser entre la provocation et la rencontre est une chose très-variable et qui dépend d'une foule de circonstances. Lorsque Rochefort, par exemple, a été provoqué par le prince Achille Murat, on a voulu faire vite, et comme il est homme de bonne volonté, il s'y est prêté de la meilleure grâce.

A neuf heures et demie on lui apportait le cartel, séance tenante il envoyait chercher ses témoins ; on montait en voiture sans désemparer, et une heure après il avait reçu un coup d'épée. Vous voyez, messieurs, qu'il y a là un précédent, et un précédent princier, et que ces sortes d'affaires peuvent se régler très-rapidement avec les gens qui ne sont pas formalistes et qui n'y mettent pas de façons.

(Me Laurier continue en établissant l'absence complète de préméditation.)

J'aurais fini si je ne voulais répondre au dernier argument, si ardemment, passez-moi le mot, si inutilement apporté dans ces débats par le ministère public. Quand on plaide pour Rochefort, et qu'il s'agit de pamphlet, il faut toujours s'attendre à l'argument tiré du juste retour des choses d'ici-bas : *Patere legem quam ipse fecisti.*

Cet ordre de considération est ici souverainement injuste et déplacé. Rochefort ne fait pas de la diffamation, il fait de la politique, et toutes les colères de M. l'avocat impérial n'amèneront pas le public à le confondre avec M. de Bussy.

Que le ministère public me permette de le lui dire avec respect mais fermeté, il n'a pas su se rendre compte du succès foudroyant de *la Lanterne*, et dans les recherches auxquelles il s'est livré à ce sujet, il a manqué de critique et de philosophie.

La Lanterne a atteint un chiffre de tirage inconnu dans les annales du succès; on la traduit à Londres, à Berlin, à New-York; partout où les voyageurs mettent le pied, ce petit livre rouge les devance ou les suit, en

France et à l'étranger, et jusque dans les plus petits villages. *La Lanterne* pénètre partout, et, partout, elle est lue avec fureur, avec avidité.

Il y a une raison à ce succès inouï, et cette raison n'est point celle qu'il a plu au ministère public de nous donner. Si, pour obtenir un tel résultat, il suffisait de publier des invectives et des injures, M. Rochefort se vendant par milliers d'exemplaires, les Stamir et les de Bussy se vendraient par milliards! Non, ce n'est pas ce motif misérable qui a produit un mouvement d'opinion si important, si impétueux, qui éclate, comme une revanche, en applaudissements frénétiques; non, l'opinion publique n'est ni corrompue ni pervertie. Et pour Rochefort la raison du triomphe — car c'en est un — n'est pas là. Elle est ailleurs et plus haut. Elle procède de ces sentiments énergiques si longtemps comprimés qui sont restés vivaces malgré tout, et inextirpés dans le cœur de la France. Pendant quinze ans un grand silence a régné, qu'on a feint de prendre pour de l'approbation et de la connivence, tandis qu'en réalité, il s'amassait au dedans de nous des trésors d'indignation et de colère.

Un homme d'audace est venu un jour qui, le premier, à travers la peur et l'étonnement universels, a mis le feu à toutes ces poudres et les a fait éclater, et le peuple est ivre de joie en voyant avec quelle énergie ses libertés imprescriptibles sont revendiquées!

JUGEMENT

« Attendu que, de l'instruction et des débats, il résulte que, le 9 juillet 1868, Rochefort s'est transporté au domicile de Rochette, imprimeur à Paris, et lui a volontairement porté des coups, sans qu'il en soit résulté pour ledit Rochette une incapacité de travail de l'espèce mentionnée en l'article 309 du Code pénal;

« Qu'il a agi avec préméditation ;

« Que dès lors il s'est rendu coupable du délit prévu et puni par l'art. 311 du même Code;

« Vu l'art. 463;

« Condamne Henri Rochefort en quatre mois d'emprisonnement, 200 francs d'amende;

« Fixe à trois mois la durée de la contrainte par corps, et le condamne aux dépens réclamés par Rochette, comme seuls dommages-intérêts. »

AFFAIRE ROCHETTE

INTERROGATOIRE. — PLAIDOIRIES. — ARRÊT

COUR IMPÉRIALE DE PARIS

CHAMBRE DES APPELS DE POLICE CORRECTIONNELLE

—

Audience du 22 Août 1868.

—

APPEL D'HENRI ROCHEFORT CONTRE L'IMPRIMEUR ROCHETTE

Le 22 août, Henri Rochefort de Luçay se présentait personnellement devant la Cour pour soutenir son appel.

Le jugement du 6 août l'avait condamné à quatre mois de prison et 200 francs d'amende, à raison de la voie de fait à laquelle il s'était porté contre M. Rochette, imprimeur des libelles fabriqués par les sieurs Stamir et Marchal.

Me Cléry se présente pour M. Henri Rochefort.

L'imprimeur Rochette n'a pas d'avocat.

M. LE PRÉSIDENT à M. Henri Rochefort. — Vous reconnaissez avoir porté des coups et fait des blessures à M. Rochette?

M. HENRI ROCHEFORT. — Je reconnais lui avoir donné un soufflet; mais je ne lui ai pas porté de coups de canne. J'en trouve la preuve dans la différence considérable qui existe entre les faits tels qu'il les a relatés dans sa plainte et les faits par lui racontés dans ses dépositions devant le juge d'instruction et à l'audience.

Je n'avais pris une canne que pour me défendre dans le cas où je serais attaqué.

M. le Président. — Quels moyens de justification pouvez-vous invoquer?

M. Henri Rochefort. — J'étais à Nogent; le 9 juillet, je suis arrivé à Paris, dans les bureaux de *la Lanterne*, à midi moins un quart environ. A peine arrivé, j'ai appris qu'un pamphlet avait été rédigé par les sieurs Stamir et Marchal, dans lequel ils s'attaquaient à ma jeune fille. J'ai craint que cet écrit ne vînt à tomber sous les yeux de la maîtresse de pension de mon enfant, dont le domicile était connu de ces messieurs, et j'ai eu peur que les appréciations contenues dans ce libelle n'eussent sur cette maîtresse de pension une influence funeste, qui n'aurait pas manqué de modifier d'une façon peut-être très-pénible les dispositions bienveillantes qu'elle avait jusqu'alors témoignées à l'égard de ma fille.

M. le Président. — Mais aviez-vous au moins les preuves que cet écrit existât et qu'il dût être imprimé et publié?

M. Henri Rochefort. — J'en avais des preuves certaines. Des épreuves de ce pamphlet avaient circulé dans un certain café, le café de Suède; on me dit ce que contenait ce pamphlet; je savais de plus qu'il avait été lu en famille, entre MM. Rochette, Stamir, Marchal... et d'autres.

Je savais que M. Rochette était dépositaire du manuscrit. Je savais que le pamphlet était là et que là seulement je pouvais et je devais aller le trouver.

Mais j'allais à cette imprimerie avec le désir de m'expliquer franchement avec M. Rochette : au lieu de rencontrer un homme grave et sérieux, comme je devais m'y attendre, en présence des faits reprochés, je n'ai trouvé qu'un homme qui m'a reçu avec un sourire moqueur sur les lèvres ; j'ai voulu discuter avec lui, mais il ne m'a répondu que par des railleries ; et, ne trouvant pas de sa part la réparation que je demandais, je me suis vu, emporté par la vivacité du moment, forcé de le provoquer et de lui donner un soufflet...

On m'a reproché d'avoir amené des témoins avec moi et de leur avoir donné des instructions pour barrer le passage et maintenir fermée la porte du cabinet de M. Rochette. Mais j'avais espéré que ce dernier accepterait le duel, et dès lors j'avais emmené mes deux témoins ; la preuve, au surplus, qu'ils n'avaient aucune instruction pour tenir M. Rochette isolé des communications extérieures ; c'est que l'associé de celui-ci a pu entrer dans le cabinet sans la moindre difficulté.

M. le Président. — C'est bien, asseyez-vous. — Monsieur Rochette, quelles explications avez-vous à donner à la Cour?

(M. Rochette proteste contre le récit de M. Rochefort.) Lorsqu'il s'est présenté chez moi et qu'il m'eut exposé le but de sa visite, je lui ai dit, c'est vrai, que j'imprimais *l'Inflexible*, sachant ce qu'il contenait, mais que, néanmoins, il ne devait pas en rejeter la responsabilité sur moi. Allez trouver les écrivains ou les auteurs de ces choses, poursuivez-les devant la justice, moi, je ne suis qu'un imprimeur, j'imprime *l'Inflexible* parce que cela me fait gagner de l'argent, j'imprime tout ce qu'on m'apporte.

Toutefois on m'a proposé d'imprimer une brochure, intitulée : *le Cas de M. Rochefort*. J'ai trouvé ce genre d'écrit trop virulent et trop infâme : j'en avais assez; et j'ai rendu le manuscrit et les épreuves, qui seules ont dû être répandues par M. Marchal.

Je le répète, si M. Rochefort m'avait clairement manifesté son intention et le but qui l'amenait chez moi, je n'aurais certainement pas refusé de lui donner satisfaction.

Me Cléry a la parole et s'exprime ainsi :

Messieurs, il y a des hommes dont la personnalité s'est tellement absorbée dans leur œuvre qu'il semble que toutes les actions de leur vie, les plus indifférentes comme les plus graves, ne peuvent plus être aperçues que sous le reflet dont l'œuvre éclaire la personne.

C'est cependant là une théorie fausse, et, pour ma part, je ne veux voir dans le procès actuel que le procès lui-même, et je ne veux obéir qu'à ces considérations que M. Rochefort est un galant homme, qu'il me fait l'honneur d'être de mes amis et qu'il a pensé qu'il pouvait avoir besoin de mon ministère dans une occasion où l'intérêt de sa cause et l'impartialité de ses juges devaient être ses meilleurs et ses plus éloquents défenseurs.

Ceci établi, je me propose de faire porter la critique du jugement qui vous est déféré sur trois points :

D'abord sur ce que le tribunal a semblé admettre qu'il y avait eu des coups portés et des blessures faites;

Ensuite sur ce qu'il a admis la préméditation de ces voies de fait;

Enfin sur l'énormité de la con amnation, hors de proportion avec le délit.

Voici les faits, et, bien qu'ils soient connus, je les reprends pour leur restituer leur véritable physionomie.

Le 9 juillet, à onze heures et demie, M. Rochefort arrivait au bureau de *la Lanterne*. On lui mit sous les yeux le dernier numéro de *l'Inflexible*; il contenait tout ce que la haine la plus folle peut imaginer et vomir d'injures.

Ce n'était pas, du reste, le coup d'essai de ces gazetiers! On avait déjà imprimé qu'il était un escroc, le souteneur d'une fille en renom dont il acceptait les libéralités..., que sais-je, enfin!

Rochefort jeta de côté ce journal avec le tranquille dégoût d'un homme que ne peut atteindre la fange remuée trop loin de lui. Tout à coup, quelqu'un arrive et lui dit :

« Ce n'est pas tout! à l'heure où je vous parle, il s'imprime un ignoble libelle destiné, non plus au public, mais à votre fille. On y dit qu'elle n'est point légitime, que son père est sans nom et sans honneur, que son passé est une honte et sa vie présente une abjection. Voilà ce qu'elle lira : et ces hommes sont si habiles dans leur perversité qu'ils ne doutent pas un seul instant qu'ils pourront faire tomber ces infamies aux mains de cette enfant! »

Tenez, ce n'est pas ici le lieu à poésie ni à déclamation. Rochefort aime sa fille comme nous aimons nos enfants, simplement parce que nous sommes pères et que nous sommes d'honnêtes gens.

Imaginez ce qui a dû se passer dans son cœur.

Que fera-t-il?

Ira-t-il se justifier auprès de son enfant? dévoiler les secrets mobiles de ses adversaires? démontrer à ses yeux le hideux mécanisme de certaines combinaisons? lui dire qu'il y a des hommes sans passion politique qui mettent au service des rancunes d'autrui des semblants de passions politiques?

Mais, messieurs, il y a des tableaux qui sont des souillures! Il y a des âmes si obscènes qu'on ne peut les dévoiler aux yeux d'une jeune fille sans outrager en elle le dépôt des plus saintes pudeurs.

S'adressera-t-il à la loi? Mais la loi n'est pas préventive! C'est une divinité qui tient le glaive qui frappe, et non pas le bouclier qui protége!

Ira-t-il vers les magistrats qui veillent sur l'honneur et sur la sécurité des familles?

Mais on lui répondra : Nous ne pouvons aller au devant du délit! Laissez le mal se produire; laissez l'écrit s'imprimer; laissez agir le poison, et alors vous irez devant les tribunaux, et une condamnation à 1 franc d'amende réparera amplement le délit dont vous aurez souffert.

Mais, dira-t-on, il y avait M. Stamir! Ah! oui, le Polonais Stamirowski, dit *de Stamir*, l'auteur du fameux duel pontifical! Est-ce que Stamir se bat? Et puis, ne l'oubliez pas, ce n'était pas une réparation qu'il fallait à Rochefort, c'était une assurance, à tout prix, que le libelle ne paraîtrait pas.

Mais Marchal, l'auteur des injures quotidiennes de *l'Inflexible?*

Eh bien! si Stamir ne se bat pas, on ne se bat pas avec Marchal, on ne se bat pas avec l'homme qui écrit les choses dont je suis forcé, malgré mon dégoût, de vous infliger la lecture.

(Nous ne l'infligerons pas à nos lecteurs, nous nous bornons à reproduire les lignes suivantes :

« Mais le jour du châtiment arrivera, redoutable « comme le jugement de Dieu. Tu seras puni par où tu « as péché. Si tu as une fille, tu la feras élever sans « doute clandestinement au Sacré-Cœur, parce que tu as « trop de mauvaise foi pour avouer que la religion seule « peut faire de chastes filles, de bonnes mères. Malgré « tous les soins que tu prendras pour la préserver de la « contagion, peut-être un jour ta *Lanterne* infernale « tombera sous ses yeux, et ton enfant lira ton apologie « du suicide et de la prostitution.

« Alors, elle ne pourra que maudire et mépriser un « père vicieux et lâche, ou bien, chose plus affreuse « encore, elle suivra tes abominables conseils.

« Allons! tu m'entends! Nous savons tout et nous « dirons tout!...

« Faut-il demander pour toi, poseur démasqué, agent « dévoilé, la croix de la lâcheté? Tu te dis gentilhomme « chez les *filles*, et devant un homme tu n'as même pas « le courage du dernier manant.

« Je l'ai dit au peuple et tu ne le sais que trop, à la « chancellerie, tu m'as compris... *faut un dossier, pas* « *trop n'en faut!...* »)

Et certes, poursuit Me Cléry, quand il s'écriait : « Faut du dossier, pas trop n'en faut, » Marchal était bien plus à même que personne de savoir où il faudrait s'arrêter en fait de dossier.

(Me Cléry fait passer sous les yeux de la cour l'aperçu suivant :

1846

Cour d'assises de la Seine

Libelle outrageant contre la famille d'Orléans, et tellement immonde que ni l'accusation ni la défense n'en lisent une ligne.

Marchal parle de son repentir.

Verdict affirmatif.

Condamnation en cinq années d'emprisonnement et 10,000 francs d'amende.

1845

Condamnation en police correctionnelle à raison d'escroquerie commise au préjudice de la liste civile. Un an de prison.

1848

Libelles démagogiques.

Condamnation à trois mois de prison.

AVRIL 1851

Cour d'assises de la Seine

Comparution aux assises de la Seine sous l'accusation

de viol et de mutilation sur une jeune fille de dix-huit ans. Débats à huis clos.

Verdict négatif et acquittement.

1851

Cour d'assises de la Seine

Audience du octobre

Le jury a déclaré le sieur Marchal coupable.

La Cour, considérant que le sieur Marchal a déjà été condamné, en 1845, à plus d'une année pour escroquerie et se trouve dans le cas de récidive, le condamne à cinq années d'emprisonnement.

1860

Condamnation à huit jours pour infraction à l'arrêté qui lui interdit pour deux ans le séjour dans le département de la Seine.

1862

Poursuite pour usurpation de nom et de titre, et infraction à un arrêté d'interdiction.

Condamnation à 50 francs d'amende.)

Et maintenant, quoi que fasse M. Marchal pour disputer au passé les lambeaux de son honneur, il ne prouvera jamais qu'un honnête homme puisse se battre avec lui.

C'est alors que M. Rochefort se rendit chez l'imprimeur.

Pourquoi ? me dit-on. Le voici. Il pouvait trouver là un honnête homme qui, en présence de sa juste indignation, lui dît : Eh bien ! vous avez raison ; il y a là toutes sortes d'infamies dont je ne veux pas être le complice ; je n'imprimerai pas le libelle en question !

Et tout était fini.

A défaut d'un honnête homme, il pouvait trouver un homme brave qui lui dît : Votre démarche est insolite ; elle est blessante ; je ne veux rien vous accorder. Vous voulez vous battre, marchons !

Et alors, quoi qu'il arrivât de cette rencontre, il en sortait une impossibilité morale pour l'imprimeur de s'associer plus longtemps à ces œuvres de ténèbres, car le courage se compose toujours d'un peu d'honnêteté.

Au lieu de cela, la mauvaise fortune de Rochefort a voulu qu'il ne rencontrât que M. Rochette, qui l'a reçu insolemment, ironiquement, et qui, descendant au-dessous du degré où finit toute dignité, l'a jeté dans une exaspération que tout homme de cœur eût ressentie à sa place.

C'est alors que, dans l'état d'extrême surexcitation où il était, Rochefort a levé la main sur M. Rochette, non pas pour le battre, mais pour essayer d'amener jusqu'à son visage ce sang qui circulait si tranquillement dans ses veines.

Voilà, messieurs, tous les faits. Je n'y ajoute rien, je n'en retranche rien. Et maintenant discutons le jugement.

Quant aux coups, le tribunal les a affirmés, et moi je les nie.

(Ici l'avocat fait remarquer que, si deux témoins, dont l'un est l'employé et l'autre l'associé de M. Rochette, ont affirmé avoir vu porter des coups, on peut leur opposer le témoignage de MM. Noir et Blavet, qui, eux aussi, ont assisté à la scène et affirment qu'il n'y a eu, de la part de Rochefort, que deux soufflets donnés à l'imprimeur.)

Quant au certificat du médecin, il ne convient pas de s'y arrêter; car si M. Rochette avait été en proie à toutes les souffrances qu'il constate, il en eût encore porté les traces au bout de neuf jours.

Or, dans la comparution des parties devant M. le juge d'instruction, neuf jours après la scène, M. Rochette, mis au défi par Rochefort de montrer une trace quelconque de blessure, a été hors d'état de faire cette preuve.

Il reste donc l'affirmation de M. Rochette. Mais pour savoir ce que vaut ce document, il faut le rapprocher de la plainte de M. Rochette au procureur impérial, dans laquelle il se représente comme la victime d'un guet-apens qui n'avait d'autre but qu'un assassinat médité sur sa personne.

(L'avocat donne lecture de cette plainte.)

Quand on voit, messieurs, ce qui est resté de toute cette fantasmagorie, on a bien le droit de dire qu'un homme qui prend de telles licences avec la vérité est bien peu digne de la confiance de la justice.

Reste la préméditation. La préméditation! Relisez les témoignages, et il vous sera démontré jusqu'à l'évidence que Rochefort ne s'est laissé emporter à cette violence qu'exaspéré par l'insolence, la goguenardise et les ricanements de son indigne adversaire.

Un dernier argument, l'inviolabilité de l'imprimeur!

Eh quoi! nous dit-on, vous, libéraux, vous plaidez tous les jours l'irresponsabilité de l'imprimeur : soyez donc conséquents avec vous-mêmes.

Oui, messieurs, en matière de presse, nous voulons que l'imprimeur soit irresponsable. Nous vous disons : Lorsque vous avez devant vous des hommes qui s'appellent de Montalembert, Prevost-Paradol, P.-L. Courier, Armand Carrel, il est dérisoire et injuste de faire asseoir à côté d'eux l'homme qui leur a prêté ses presses.

Nous disons que c'est une façon hypocrite d'atteindre la pensée dans son vol en constituant juge de sa hauteur l'ignorance ou la pusillanimité d'un imprimeur!

Voilà ce que nous disons pour les procès de presse. Mais ici, est-ce qu'il s'agit de procès de presse? est-ce que les Stamir et les Marchal sont des hommes de lettres, ou des polémistes, ou des politiques?

Non, non, messieurs, comme les hommes, les mots ont leur vertu qu'il ne faut pas profaner par des assimilations dégradantes.

(Enfin, sur la peine, Me Cléry rappelle que dans l'affaire du député Didier, qui avait frappé M. de Villemessant dans son domicile, la Cour trouvant trop sévère la peine infligée en premier, l'avait réduite à un mois.)

M. Rochefort, lui, s'est présenté au domicile professionnel de M. Rochette, là où il était entouré de ses administrateurs et de ses employés. Il ne l'a pas frappé, il ne l'a pas blessé ; il l'a insulté après une conversation commencée de sa part dans les termes les plus polis, et dont le dénoûment devait être pacifique.

Comparez les deux situations, et vous penserez, j'en suis sûr, que lorsque la justice est excessive, elle fait un plus grand dommage à la justice elle-même qu'à ceux qu'elle atteint.

(L'imprimeur Rochette répète qu'il ne partageait en aucune façon les opinions de MM. Stamir et Marchal, et que si M. de Rochefort lui eût demandé de ne pas imprimer de « pareilles horreurs, » il y eût consenti.

M. l'avocat Merveilleux-Duvignau expose d'abord l'intérêt social qu'il aperçoit derrière l'intérêt privé, et après avoir raconté l'acte de M. Rochefort, qu'il qualifie de « lâche agression, » il continue ainsi :)

On dit : Le but unique de Rochefort était de provoquer un duel ; s'il s'est muni d'une canne, c'était pour se défendre en cas d'attaque, et s'il a frappé sous l'empire d'une exaspération croissante, c'est sans y avoir songé d'avance.

Comment M. de Rochefort, expert en cette triste matière du duel, a-t-il pu croire que cet imprimeur, instrument secondaire de l'outrage futur qu'il s'agissait d'empêcher, allait ainsi accepter le rendez-vous proposé sous la forme la plus insolite, la plus étrange, la plus irritante, et se rendre complaisamment sur le terrain !

Il n'a prévu d'autre incident possible que des violences de la part de M. Rochette ou de ses amis, contre lesquels il était prudent de se prémunir. Est-ce sérieux ? Tenez, l'exacte et simple vérité, la voici : la préméditation n'a pas consisté sans doute à se rendre chez Rochette, avec le dessein unique de le frapper. On se fût contenté peut-être de l'attirer, s'il y eût consenti, dans un combat singulier. Mais on n'y comptait pas, et l'on n'y pouvait pas compter. On voulait faire ce qu'on a fait, c'est-à-dire commencer, pour la forme, par proposer le duel. Si Rochette eût dit oui, par hasard, c'était l'affaire de l'épée ; mais le rôle de la canne était prévu. Que dis-je ? il était certain. On savait bien que les choses se passeraient comme elles se sont passées, et le programme de cette préméditation raffinée était celui-ci : le cartel inacceptable, inaccepté, et alors la correction.

Je n'ajoute qu'un mot : on vous a parlé de la peine, on vous a parlé d'affaires semblables, d'une en particulier, où la répression a été, vous a-t-on dit, moins sévère. Je n'admets pas de pareilles comparaisons; chaque affaire, en matière pénale, a son caractère propre, au point de vue du fait et au point de vue de la personne. Mais si l'on veut un précédent, qu'on se souvienne de celui-ci : en février dernier, le sieur Sol, coupable d'avoir porté, non pas en violant un domicile, mais sur la voie publique, un coup de canne à M. de Villemessant, a été condamné, comme Rochefort, à quatre mois d'emprisonnement. Nous n'avons rien de plus à dire.

Et maintenant, quelle est la personne du délinquant?

Il allègue qu'il a été provoqué... Provoqué! Ah! sans doute, personne ici n'attend que je comprime l'expression d'une pensée qui est celle de tous sur l'indigne, le dégradant langage de ses adversaires, et ce sont là les circonstances atténuantes que les premiers juges ont reconnues, et que nous reconnaissons avec eux.

Mais ce monde-là, qui vous y a mis? Cette presse-là, sauf la nuance, n'est-ce pas la vôtre? Et de quoi vous plaignez-vous si, dans la mêlée où vous êtes descendu, on vous fait ce que vous faites vous-même? Comment, par quels sentiers de sa jeunesse et de son âge mûr un Rochefort-Luçay en est-il tombé là? Comment ont dévié les facultés qu'il avait reçues d'en haut et dont il pouvait faire un noble usage?

Ah ! je sais bien qu'on a touché en lui à des choses intimes, et que des sentiments respectables ont été cruellement froissés.

Mais lui-même, que respecte-t-il ?

L'autorité, les croyances, la morale publique, la dignité des personnes, la vie privée, sa propre dignité, n'a-t-il pas touché à tout et ne peut-on pas dire, quand on a lu, comme je l'ai dû faire, ses œuvres pour savoir où en était chez lui le sens moral, que si ce n'est pas l'exacte peine du talion, c'est quelque chose comme cela qui lui a été infligé ?

Mais je ne veux pas faire de ceci une affaire de presse. Seulement, puisque le mot de presse ne peut pas ne pas être prononcé dans un pareil procès, laissez-nous, messieurs, vous présenter une dernière considération.

Je vous disais, il y a un instant, qu'en apportant cette canne choisie, Rochefort préparait la correction. Oui ! c'est-à-dire la justice sommaire et personnelle, ou plutôt la violence, la vengeance, à la place de la justice; singulier, mais logique retour à des habitudes barbares, dans un temps où l'on ne parle que de progrès, et précisément de la part de ceux qui en parlent le plus.

Les mœurs d'un certain monde y inclinent et une certaine presse y conduit. On se fait, de son autorité privée, redresseur de torts, et vous savez si ce sont les plus dignes qui s'adonnent avec le plus de zèle à cette étrange fonction; la plume prélude, puis la main, l'épée et le bâton achèvent ; nous en avons de récents et fréquents exemples.

Il y a là un péril que tout le monde voit, mais sur lequel on ferme volontiers les yeux.

Votre arrêt ne sera pas seulement une juste répression du délit commis, il apportera une pierre à la digue qu'il faut élever contre un pareil flot.

Nous estimons qu'il y a lieu de confirmer.

(Dans sa réplique, Me Cléry relève le mot de *lâcheté* prononcé par le ministère public.)

A qui donc fera-t-on croire qu'il y ait lâcheté à s'en aller trouver un homme entouré de ses ouvriers dont le dévouement peut vous être fatal, et alors qu'on est seul contre tous ?

Et puis, voyez-vous, il y a des noms auxquels s'accouplent mal de certaines épithètes. Je ne vous parlerai pas des duels de Rochefort; mais voici ce qu'il me disait hier encore, et qu'il me pardonne de trahir pour sa défense le secret d'une conversation intime.

Vous savez qu'il était parti, et bien des gens commentaient ce qu'ils appelaient sa fuite ! Et dans cette couronne que lui tressent ces mains complaisantes, on était tant réjoui de mettre cette fleur ! Et cependant le voici revenu ; et comme je lui demandais s'il se constituerait prisonnier : « Oui, me dit-il, je subirai les condamnations qu'on prononcera contre moi ! C'est mon honneur de ne pas déserter la défaite après avoir engagé la lutte. — Et puis, ajoutait-il, on a arrêté des jeunes gens qui criaient : « Vive Rochefort ! » on les a emprisonnés ! « Eh bien ! jamais je ne consentirai à vivre libre à l'étranger, tandis que d'autres seraient en prison, dont le crime était de m'avoir suivi et encouragé dans la bataille. »

Voilà l'homme qu'on a accusé de lâcheté. M. l'avocat général connaît-il beaucoup de cœurs plus hauts et plus courageux ?

M. l'avocat général a parlé de précédent, il en a oublié un. Qu'il me permette de le lui rappeler.

C'était sous le règne de Louis-Philippe ; un homme appelé Bergeron fut accusé d'avoir tiré un coup de pistolet sur le roi. Il fut traduit devant la Cour d'assises, et, après de longs débats, il fut acquitté.

Il entra, pour vivre, dans la rédaction d'un journal en lutte avec M. Émile de Girardin. Celui-ci, dans les ardeurs de la polémique, alla jusqu'à reprocher à son adversaire de donner asile à des régicides.

Bergeron, acquitté par la cour d'assises, Bergeron, le plus honnête homme du monde aux yeux de tous, fut obligé de quitter le journal.

Alors il provoqua M. de Girardin, qui refusa de se battre. C'est alors qu'un soir, à l'Opéra, Bergeron, entrant dans une loge voisine de celle de M. de Girardin, se nomma à lui et lui donna un soufflet.

M. de Girardin poursuivit devant les tribunaux Bergeron, qui fut condamné à cinq ans de prison.

Mais savez-vous alors ce que tout le monde dit, tout le monde, entendez-vous, les gens du pouvoir comme les gens de l'opposition ?

On dit que cette condamnation avait frappé, non pas l'adversaire de M. de Girardin, mais l'homme accusé de régicide et acquitté par la Cour d'assises.

Vous me direz qu'on a calomnié la justice. Soit ! Mais il ne faut pas qu'on calomnie la justice, et voilà pourquoi il faut que les organes du ministère public se gardent de certains souvenirs !

ARRÊT.

« La Cour, après en avoir délibéré, confirmé la condamnation prononcée par les premiers juges. »

AFFAIRE DE LA LANTERNE

NUMÉRO 11

TRIBUNAL DE POLICE CORRECTIONNELLE

SIXIÈME CHAMBRE

CHAMBRE DES APPELS CORRECTIONNELS

Présidence de M. SAILLARD.

Numéro 11 de LA LANTERNE

JUGEMENT ET ARRÊT (1)

Audience du 29 août.

LA LANTERNE. — OFFENSE ENVERS LA PERSONNE DE L'EMPEREUR. — EXCITATION A LA HAINE ET AU MÉPRIS DU GOUVERNEMENT. — DÉLIT DE PRESSE.

M. Henri de Rochefort-Luçay et M. Dubuisson, imprimeur, ont été cités à comparaître le vendredi, 14 août, devant la sixième chambre du tribunal, sous la prévention d'offense envers la personne de l'empereur et d'excitation à la haine et au mépris du gouvernement, à raison de la publication du onzième numéro du journal *la Lanterne*.

(1) Nous avons cru devoir juxtaposer le jugement de première instance et l'arrêt de la Cour, afin de mettre le lecteur à même de comparer les deux dispositifs.

Ni l'un ni l'autre des prévenus ne s'étant présenté, le tribunal, sur les réquisitions de M. l'avocat impérial Angot des Rotours, a rendu par défaut le jugement suivant :

« Le tribunal,

« Attendu que Rochefort, gérant responsable, a publié à Paris, le 6 août 1868, le numéro 11 du journal *la Lanterne ;*

« Qu'à la page 11 dudit journal, déplaçant avec une intention criminelle évidente deux passages analysés du réquisitoire de M. l'avocat impérial dans la poursuite dirigée contre lui, Rochefort, pour coups sur la personne de Rochette, il se sert de ce rapprochement pour adresser, par voie de comparaison, un outrage à la personne de l'Empereur ;

« Qu'à la page 24 il rappelle la lettre du 19 janvier, cherche son origine, mêle les sergents de ville à l'autorisation préalable, au droit de réunion, parle de la romance : ***C'est pour l'enfant***, du ***Verre d'eau***, de Scribe, le tout pour accompagner à son gré un outrage à la personne de l'empereur;

« Attendu que ces outrages blessent et froissent la conscience et la susceptibilité de tout citoyen qui aime son pays, quelle que soit l'opinion politique a laquelle il appartienne ;

« Qu'ils constituent donc une offense envers la personne du souverain ;

« Qu'en les publiant, Rochefort s'est donc rendu coupable du délit prévu et puni par les articles 1er et 9 de la loi du 17 mai 1819;

« Attendu qu'aux pages 1, 2, 4, 7, 15, 16, 36, 58, 59 du même journal, Rochefort affirme qu'on lui a tendu un piége et qu'il sait mieux que personne à quel point le gouvernement est peu difficile sur le choix des moyens..., que la fabrique de mensonges édités contre lui est encouragée par le gouvernement...;

« Qu'il ajoute, à la page 7 : « Que parle-t-on donc « constamment des excès de 93 et des assassinats de « Trestaillons dans le Midi? mais la France n'a jamais « rien vu de comparable à ce qui se passe mainte- « nant; »

« Que plus loin il déclare que le jugement qui l'a frappé démasque clairement les batteries gouvernementales dressées contre lui;

« Que le gouvernement récompensera ses amis avec la même audace qu'il destituera ses ennemis; qu'il ne connaît plus que deux espèces de Français, ses amis et ses ennemis;

« Puis il ajoute : « Voyons, mes chers camarades, il « faut s'entendre; quand le gouvernement propose un « projet de loi libéral, vous vous imaginez donc que c'est « sérieux? »

« Plus loin, il adjure les citoyens de toutes classes, qui gémissent si amèrement, dans les lettres qu'ils lui écrivent, de la prostitution morale à laquelle la patrie se livre quotidiennement, de se rassurer un peu, et il termine ainsi : « La France est déjà tombée, je ne dis pas « plus bas, parce que personne ne me croirait, mais « aussi bas ou à peu près... Toutefois, notre pays n'a « pas les muscles si usés qu'il ne puisse se remettre sur « ses jambes ; »

« Attendu que ces affirmations, imputations, allégations ont été ainsi réunies, rapprochées, combinées dans un but évident de dénigrement et d'attaque contre le gouvernement ;

« Que cet agissement ne ressemble, ni de près ni de loin, à aucun genre de critique ou de censure des actes dudit gouvernement ;

« Que, en effet, on ne trouve dans le journal aucune question politique, littéraire ou artistique mise en discussion ;

« Que Rochefort a donc excédé le droit qui appartient au publiciste ;

« Que son intention criminelle est manifeste ; qu'elle est écrite à chacune des pages du journal ;

« Que, en publiant ledit numéro de *la Lanterne*, il s'est donc rendu coupable du délit d'excitation à la haine et au mépris du gouvernement, prévu et puni par l'article 4 du décret du 11 août 1848 ;

« Attendu que Dubuisson s'est rendu complice du délit commis par Rochefort, en l'aidant avec connaissance dans les faits qui l'ont préparé, facilité et consommé, et ce, en imprimant le numéro du journal *la Lanterne* qui contient les passages incriminés, complicité prévue et punie par les articles 59 et 60 du Code pénal et les articles précités de la loi du 17 mai 1819;

« Condamne Rochefort en une année d'emprisonnement, 10,000 francs d'amende, fixe à deux ans la durée de la contrainte par corps; Dubuisson en deux mois de prison, 2,000 francs d'amende, fixe à huit mois la durée de la contrainte par corps;

« Les condamne tous deux solidairement aux amendes et aux dépens. »

ARRÊT.

M. Henri de Rochefort-Luçay, sans faire opposition à ce jugement par défaut, en interjeta appel, et l'affaire fut indiquée au samedi 29 août.

La cause ayant été en conséquence appelée à l'audience dudit jour, défaut a été donné contre M. de Rochefort, non présent à l'audience.

Après le rapport de M. le conseiller Desmazes et les réquisitions de M. le procureur général Grandperret, la Cour, après délibéré en la chambre du conseil, a rendu l'arrêt suivant :

« La Cour,

« Statuant sur l'appel interjeté par de Rochefort du jugement du tribunal correctionnel de la Seine du 14 août 1868;

« Considérant que de Rochefort a publié à Paris, le 8 août 1868, le numéro 11 du journal *la Lanterne*, dont il est le rédacteur-gérant;

« Que les premiers juges ont déclaré que cet écrit contenait les délits d'offense envers la personne de l'empereur et d'excitation à la haine et au mépris du gouvernement;

« En ce qui touche le délit d'offenses envers la personne de l'empereur :

« Considérant que de Rochefort, après avoir énoncé que le principal argument du ministère public, dans une poursuite dirigée contre lui, était qu'il s'attaquait aux gens plus haut placés que lui, ajoute « qu'il n'a jamais su « si, dans la pensée du ministère public, il s'agit de « Stamir ou de l'empereur des Français; »

« Considérant que ce rapprochement renferme une offense dirigée avec intention coupable contre la personne de l'empereur;

« Considérant que dans un autre passage de ce même numéro de *la Lanterne*, de Rochefort écrit : « Que la « fameuse lettre de l'empereur du 19 janvier a été ins- « pirée par la déclaration de MM. de la Valette et « Rouher, qu'avec le système de compression employé

« depuis quinze années, le règne du prince impérial de-
« venait une improbabilité voisine de l'impossible; que
« l'empereur, frappé de cette appréciation, se décida à
« mettre la liberté dans ses meubles (et quels meubles!
« un buffet en noyer, deux chaises et un pot à l'eau);
« ainsi, continue-t-il, cette abolition de l'autorisation
« préalable, ce droit de réunion, qui n'a encore profité
« qu'aux sergents de ville, nous le devons à un enfant
« de douze ans, qui n'en avait alors que dix; »

« Que de Rochefort termine ce passage en disant : « J'ai entendu quelquefois une romance intitulée : *C'est* « *pour l'enfant;* je n'aurais jamais pensé que ce refrain « pût avoir un jour une influence quelconque sur l'ave- « nir de ma patrie; »

« Considérant que, dans cette partie du journal incriminé, les intentions de l'empereur sont travesties, ses actes sont tournés en dérision ; qu'elle contient donc également le délit d'offense envers la personne de l'empereur;

« En ce qui touche le délit d'excitation à la haine et au mépris du gouvernement :

« Considérant que de Rochefort commence par déclarer « qu'on lui a tendu un piége, qu'il y a donné en plein, « et que, cependant, il savait mieux que personne à « quel point le gouvernement est peu difficile sur le choix « des moyens; »

« Qu'il écrit ensuite : « La fabrique de mensonges

« encouragés par le gouvernement a mis en vente des « produits d'une qualité plus rare encore; que parle-t-on « des excès de 93 et des assassinats de Trestaillons dans « le Midi; mais la France n'a jamais rien vu de compa- « rable à ce qui se passe maintenant. Les honorables « bonapartistes, comme s'intitulent eux-mêmes ces mar- « chands d'immondices, seraient bien bons d'y mettre « de la discrétion; qu'ils achètent des couteaux-poi- « gnards et viennent nous les enfoncer dans le ventre; »

« Il dit encore : « Le jugement qui m'a frappé dé- « masque clairement les batteries gouvernementales; « voyons, mes chers camarades, il faut s'entendre; quand « le gouvernement présente une loi libérale, vous vous « imaginez donc que c'est sérieux? j'ai écrit ceci : que « les bons tremblent et que les méchants se rassnrent. « Vous voyez bien que j'avais raison; »

« Considérant qu'enfin de Rochefort termine par les expressions suivantes : « Quant aux citoyens qui gé- « missent si amèrement de la prostitution morale à la- « quelle la patrie se livre quotidiennement, qu'ils se « rassurent un peu. La France est déjà tombée, je ne « dis pas plus bas, mais aussi bas ou à peu près; »

« Considérant que, dans ces divers passages et dans l'ensemble de l'écrit poursuivi, de Rochefort cède aux plus mauvaises passions;

« Que chaque expression révèle ses sentiments de haine contre le gouvernement et tous les pouvoirs publics;

« Qu'il a donc excité, avec la plus complète mauvaise foi, à la haine et au mépris du gouvernement;

« Adoptant au surplus les motifs qui ont déterminé les premiers juges, en ce qu'ils n'ont pas de contraire aux considérants qui précèdent;

« Met l'appellation au néant;

« Ordonne que le jugement dont est appel sortira son plein et entier effet;

« Et condamne de Rochefort aux dépens. »

AFFAIRE DE LA LANTERNE

NON INSERTION D'UN COMMUNIQUÉ
JUGEMENT

TRIBUNAL DE POLICE CORRECTIONNELLE

SIXIÈME CHAMBRE

Audience du 5 Août 1868.

Voici le texte du jugement rendu le... par le tribunal correctionnel de Paris dans la poursuite intentée à M. Henri Rochefort pour avoir différé la publication d'un *communiqué*.

« Le tribunal,

« Attendu qu'aux termes de l'article 15 du décret du 17 février 1852, tout gérant est tenu d'insérer en tête de son journal les documents officiels, relations authentiques, renseignements, réponses, rectifications, qui lui sont adressés par un dépositaire de l'autorité publique, et qu'on est convenu de désigner sous le nom de *communiqués ;*

« Que la publication doit avoir lieu dans le plus prochain numéro qui paraît après la réception des pièces;

« Que l'insertion doit être gratuite;

« Attendu que la loi est muette sur l'étendue que doivent avoir ces communiqués;

« Qu'il n'appartient pas aux tribunaux de suppléer au silence de la loi ;

« Attendu qu'il résulte de l'instruction et des débats que, le 23 juillet 1868, à trois heures de l'après-midi, Rochefort, gérant du journal *la Lanterne*, a reçu de l'autorité compétente un communiqué relatif à la détention de Sandon dans une maison d'aliénés ;

« Qu'il ne l'a point inséré dans le plus prochain numéro de *la Lanterne*, qui a paru le 25 du même mois ;

« Qu'en l'état actuel du progrès de l'imprimerie, il n'y avait pas impossibilité matérielle de reproduire ledit *communiqué* dans toute son étendue dans ledit numéro du journal *la Lanterne;*

« Que dès lors, en agissant ainsi qu'il l'a fait, Rochefort a commis la contravention prévue et punie par l'article 19 précité du décret de 1852, dont il est donné lecture ;

« Faisant application dudit article, condamne Rochefort à 50 francs d'amende ;

« Fixe à vingt jours la durée de la contrainte par corps et le condamne aux dépens. »

AFFAIRE DE LA LANTERNE

NUMÉRO 13

TRIBUNAL DE POLICE CORRECTIONNELLE

SIXIÈME CHAMBRE

—

Audience du 30 Août 1868

—

OFFENSE CONTRE LA PERSONNE DE L'EMPEREUR. — EXCITATION A LA HAINE ET AU MÉPRIS DU GOUVERNEMENT. — OUTRAGE A UNE RELIGION RECONNUE EN FRANCE.

MM. Henri de Rochefort-Luçay, rédacteur-gérant de *la Lanterne*, et Gaittet, imprimeur, prévenus d'offense envers la personne de l'empereur, d'excitation à la haine et au mépris du gouvernement, et d'outrage à une religion reconnue en France, étaient cités aujourd'hui devant le tribunal.

Ni l'un ni l'autre ne s'est présenté.

Le tribunal a donné défaut, et après les réquisitions de M. l'avocat impérial, a rendu son jugement en ces termes :

« Attendu que Rochefort, gérant responsable, a publié à Paris le numéro 13 du journal *la Lanterne*, qu'il a signé ;

« Attendu qu'aux pages 62 et 63, il s'occupe du jugement rendu contre lui le 14 août dernier, reprend le réquisitoire de l'avocat impérial et, à l'aide d'un rapprochement et d'une comparaison, adresse un outrage à la personne de l'empereur;

« Qu'il aggrave cet outrage en affirmant de nouveau la confusion qui s'est faite dans son esprit à cette occasion;

« Qu'aux pages 102 et 103, il parle des jugements récents rendus par le tribunal, lesquels n'ont point été frappés d'appel par les parties intéressées, les rapproche du jugement rendu par le tribunal de Bruxelles et trouve le moyen de quitter le terrain judiciaire pour adresser un outrage à la personne de l'empereur;

« Attendu que ces ouvrages prémédités, édités et réédités à jour fixe, blessent profondément la conscience publique;

« Qu'ainsi ils constituent une offense envers la personne du souverain;

« Qu'en les publiant, Rochefort s'est donc rendu coupable du délit prévu et puni par l'article 9 de la loi du 17 mai 1819;

« Attendu que dans l'ensemble dudit journal, Rochefort se livre, dans un but criminel d'attaque et de dénigrement, à des affirmations sans discussion de faits qui sont de nature à exciter à la haine et au mépris du gouvernement;

« Que, notamment, il affirme à la page 72 que le gouvernement avait médité un coup contre lui, Rochefort;

que ce coup avorte, et qu'alors on soutient qu'il n'en a jamais été question ;

« Que ce qu'on a fait pour lui on l'a fait dans l'affaire du duché de Luxembourg ;

« Le tout sans autre preuve que l'affirmation de l'auteur ;

« Qu'à la page 78 il affirme de nouveau la conspiration du gouvernement contre sa personne à raison des droits de timbre qu'il lui a payés et de l'obligation où il va se trouver de payer les amendes auxquelles il est condamné ;

« Qu'enfin, aux pages 104 et 105, il dit clairement que le même gouvernement paie ses diffamateurs ;

« Le tout toujours sans autre preuve que son affirmation ;

« Attendu que l'intention criminelle du prévenu ne peut être mieux établie et caractérisée que par lui-même ;

« Qu'en effet, à la page 94 on lit : « ... Si vous avez « le courage de lire la collection de *la Lanterne*, vous « y verrez que je n'ai jamais attaqué ni un orléaniste « ni un légitimiste, — j'ai toujours coalisé mes alinéas « contre un seul parti et une seule opinion ; »

« Attendu qu'on ne saurait assimiler ces articles aux discussions, critiques et censures des fautes du gouvernement qui appartiennent aux publicistes ;

« Qu'en les publiant Rochefort a donc excédé son droit d'écrivain ;

« Que dès lors il s'est rendu coupable du délit prévu et puni par l'article 4 du décret du 11 août 1848;

» Attendu qu'à la page 83 on lit : « Mgr l'archevêque « de Paris, à l'occasion de la fête du chef de l'État, qui « est également celle de l'Assomption, a reçu de l'em- « pereur, sur la proposition de la sainte Vierge, la croix « de grand-officier de la Légion d'honneur;

« L'archevêque de Paris étant le représentant de « Jésus-Christ sur la terre, j'en suis arrivé à me deman- « der si notre divin Maître a été réellement crucifié, et « si Ponce-Pilate n'a pas simplement dit aux Juifs : « Ah! vous voulez une croix pour ce juste, eh bien! je « lui donne celle de grand-officier! »

« En tous cas, les archevêques, dont l'humilité chré- « tienne consiste à se faire cribler de crachats et de dia- « mants, font tout pour propager cette nouvelle inter- « prétation de la passion de Notre Seigneur.

« Ce qui ôte quelque fondement à cette légende, c'est « qu'il faudrait supposer que les deux larrons ont été « décorés aussi. Mais en y réfléchissant, il n'y a rien là « d'absolument impossible. »

« Attendu qu'en publiant ces choses, Rochefort, avec une intention criminelle manifeste, a outragé et tourné en dérision la religion catholique dont l'établissement est légalement reconnu en France;

« Qu'il a froissé ce qu'il y a de plus sacré au fond du cœur de l'homme honnête, c'est-à-dire sa croyance religieuse, quelle que soit d'ailleurs la religion à laquelle il appartienne ;

« Qu'il ne lui reste plus rien à attaquer ;

« Qu'il s'est ainsi rendu coupable du délit prévu et puni par l'article 1 de la loi du 25 mars 1822 ;

« Attendu que Gaittet s'est rendu complice des délits commis par Rochefort, en l'aidant et assistant avec connaissance dans les faits qui les ont préparés, facilités et consommés, et ce, en imprimant le numéro 13 de *la Lanterne*, qui contient les articles incriminés, complicité prévue et punie par les articles 59-60 du Code pénal, et les articles précités des lois et décrets de 1819, 1848 et 1822, l'article 9 de la loi de 1819 devant être appliqué comme contenant la peine la plus forte ;

« Condamne Rochefort en treize mois de prison, 10,000 francs d'amende ;

« Fixe à deux ans la durée de la contrainte par corps, dit et ordonne que les présentes peines ne se confondront point avec celles précédemment prononcées ;

« Condamne Gaittet en deux mois de prison, 2,000 fr. d'amende ;

« Fixe à six mois la durée de la contrainte par corps ;

« Les condamne solidairement aux dépens et amendes. »

FIN

Paris. — Imprimerie L. Poupart-Davyl, rue du Bac, 30.

www.ingramcontent.com/pod-product-compliance
Ingram Content Group UK Ltd.
Pitfield, Milton Keynes, MK11 3LW, UK
UKHW022124190726
13855UKWH00003B/1026

9 782013 0641